BEI GRIN MACHT SICH IHR WISSEN BEZAHLT

Bibliografische Information der Deutschen Nationalbibliothek:

Die Deutsche Bibliothek verzeichnet diese Publikation in der Deutschen National-bibliografie; detaillierte bibliografische Daten sind im Internet über http://dnb.d-nb.de/ abrufbar.

Impressum:

Copyright © 2014 GRIN Verlag
Druck und Bindung: Books on Demand GmbH, Norderstedt Germany
ISBN: 9783346052834

Dieses Buch bei GRIN:

https://www.grin.com/document/504526

Carsten Friebis

Welche Folgen kann Armut auf Kinder haben?

Risikofaktoren, psychosoziale und gesundheitliche Auswirkungen von Armut

GRIN Verlag

GRIN - Your knowledge has value

Der GRIN Verlag publiziert seit 1998 wissenschaftliche Arbeiten von Studenten, Hochschullehrern und anderen Akademikern als eBook und gedrucktes Buch. Die Verlagswebsite www.grin.com ist die ideale Plattform zur Veröffentlichung von Hausarbeiten, Abschlussarbeiten, wissenschaftlichen Aufsätzen, Dissertationen und Fachbüchern.

Besuchen Sie uns im Internet:

http://www.grin.com/

http://www.facebook.com/grincom

http://www.twitter.com/grin_com

HS RheinMain

Familie: Eine multidisziplinäre Einführung

„Familien in unterschiedlichen Lebenslagen:
Belastungen, Konfliktkonstellationen und Aufgaben für die Soziale Arbeit"

Armut von Familien und ihre Auswirkungen auf Kinder
Welche psychosozialen und gesundheitlichen Folgen kann Armut auf Kinder haben?

Inhaltsverzeichnis

1. Einleitung

Immer wieder wird Armut in Deutschland zu einem großen Medienthema. Mal ruft der Tod eines verwahrlosten Kindes eine umfangreiche Berichterstattung hervor, mal weist eine neue Studie die steigende Zahl von Armut betroffener Menschen nach. Skandale, Provokationen, weitreichende politische Entscheidungen und umfassende statistische Erkenntnisse sorgen für Aufregung in der Öffentlichkeit. Andere Themen im Zusammenhang mit Armut und sozialer Ausgrenzung werden in der öffentlichen Diskussion weniger sichtbar, etwa Familien am Rande des Existenzminimums, deren Kinder nicht mit ins Kino gehen können oder die Jugendlichen mit mangelnder Schulbildung, die zwar nicht negativ auffallen, aber keine Perspektive auf Arbeit und Teilhabe am gesellschaftlichen Leben haben. Die Ursachen und Auswirkungen ihrer Armut sind vielfältig und komplex, bieten aber häufig keine spektakulären Anlässe für eine mediale Berichterstattung und somit einem Diskurs in der Öffentlichkeit (vgl. Malik 2010, S. 40)

(Kinder-) Armut ist ein sehr komplexes Thema, weshalb wir uns in dieser Arbeit mit der Frage "Welche psychosozialen und gesundheitlichen Folgen kann Armut auf Kinder haben?" befassen möchten. Kinder wurden in der Armutsdiskussion lange Zeit außer Acht gelassen, wobei diese zu der Bevölkerungsgruppe der am meist Betroffenen gehören.

Unter psychosozialen Folgen verstehen wir Folgen, die sich aus sozialen Gegebenheiten (z.B. der Gesellschaft) bilden und sich dadurch auf die psychischen Gegebenheiten auswirken können. Unser Ziel ist es, durch eine Erläuterung der psychosozialen und gesundheitlichen Folgen, die Bedeutung von Armut für die Kinder herauszuarbeiten und im Zuge dessen uns die Bedeutung für die Soziale Arbeit zu erschließen.

Armut beinhaltet eine Komplexität und Vielfalt, weshalb wir bei dieser Arbeit mit einer Definition beginnen werden. Im Weiteren wollen wir kurz auf die Ursachen und Risikofaktoren von Armut eingehen um nachfolgend die psychosozialen und gesundheitlichen Folgen zu erläutern. Zum Schluss fassen wir unsere Ergebnisse zusammen und ziehen für uns und die Soziale Arbeit ein Resümee.

Wenn wir im folgenden von Kinderarmut schreiben, meinen wir in erster Linie Kinder bis zum 13. Lebensjahr, und nicht die Phase des Jugendalters, da in dieser Lebensphase mit all ihren Facetten (Pubertät, Berufsentscheidung, etc.) Armut von den Betroffenen anderes empfunden wird.

2. Definition Armut

"Armut" ist ein Begriff, der im Alltagsbewusstsein der Menschen verankert ist. Allerdings wird er von jedem Einzelnen anders verstanden (vgl. Butterwegge 2000, S.21). Armut war lange Zeit in den reichen Industrieländern kein Thema, da diese meist mit der Armut der "Dritten Welt" und der damit verbundenen Hungersnot verbunden wurde. In der Zwischenzeit ist es klar, dass Armut durchaus ein Problem in den reichen Industrieländern ist. Hier geht es hauptsächlich um eine "Armut im Wohlstand" (Hanesch 2000, S. 222). Diese drückt nicht wie in der unmittelbaren Nachkriegszeit oder der "Dritten Welt" die Existenznot aus, sondern eine Sozialnot, die sozial schwache Bevölkerungsgruppen mehr oder weniger stark mit den Bevölkerungsgruppen des Wohlstandes differiert (vgl. Hanesch 2000, S. 222 f.). Drei Arten der Armut werden unterschieden: absolute, relative und gefühlte Armut. Dabei hat man sich auf den Einkommensmangel und dessen Konsequenzen beschränkt (vgl. Chassè 2010, S. 16). Wobei deutlich wurde, dass Armut nicht nur mit wenig Geld etwas zu tun hat, sondern auch viele weit reichende psychosoziale Folgen mit sich bringt. Für unsere Arbeit haben wir noch eine vierte Art der Armut definiert: die Kinderarmut.

2.1 absolute Armut:

Die absolute Armut bezeichnet eine Existenznot, "ein Leben am äußersten Rand der Existenz" (WVI 2008). Kennzeichnend dafür sind die mangelnden Ressourcen von lebenswichtigen Mitteln zur Befriedigung der Grundbedürfnisse (z.B. Essen, Trinken, Wohnen etc.). Ein ständiger Kampf ums Überleben findet statt. Die Grenze für die Bestimmung der absoluten Armut erfolgt auf der Basis eines durch die Weltbank festgelegten Indikators. Dieser liegt derzeit bei 1,25 US$ pro Tag, die die Menschen zur Verfügung haben. 1,2 Milliarden Menschen fallen in diese Kategorie (vgl. WVI 2008).

2.2 relative Armut:

In Wohlstandsgesellschaften wird von einer relativen Armut gesprochen. Diese beschreibt Menschen, die deutlich weniger haben als die meisten anderen. Eine absolute Armut kommt hier nicht zum tragen, dafür aber eine "Unterschicht". Die relative Armut stellt ein Vergleich zwischen der Bevölkerung dar (vgl. WVI 2008). "Es geht um die ungleiche Verteilung von Chancen, am gesellschaftlichen Leben teilzunehmen" (WVI 2008).

2.3 gefühlte Armut

Diese Art von Armut ist nicht an Einkommensgrenzen festzumachen. Armut ist hier im Bewusstsein begründet (vgl. WVI 2008). Betroffen sind Menschen, die sich "aufgrund ihrer allgemeinen gesellschaftlichen Ausgrenzung oder Diskriminierung als „arm" betrachten oder Angst vor einer sich verschlechternden wirtschaftlichen Lage haben bzw. in ständiger Angst vor Armut leben" (WVI 2008).

2.4 Kinderarmut

Um die Entwicklungsmöglichkeiten und -bedingungen von Kindern bewerten zu können, müssen verschiedene Dimensionen, wie materieller, kultureller, sozialer Bereich, sowie die psychische und physische Lage berücksichtigt werden (vgl. Holz, S. 73).
"Wird von Armut bei Kindern gesprochen, dann gilt:
- Ausgangspunkt ist Einkommensarmut.
- Das Kind lebt in einer einkommensarmen Familie.
- Es zeigen sich kindspezifische Erscheinungsformen von Armut in Gestalt von materieller, kultureller, gesundheitlicher und sozialer Unterversorgung.
- Die Entwicklungsbedingungen des Kindes sind beeinträchtigt, wobei dies ein Aufwachsen mit Benachteiligungen oder in multipler Deprivation umfassen kann.
- Die Zukunftsperspektiven des Kindes sind eingeschränkt." (Holz 2008, S. 74)

3. Ursachen und Risikogruppen

Die Lebenslage eines Kindes ist untrennbar mit der Lebenslage und Einkommenssituation der Eltern verbunden. Wenn also ein Haushalt nur über ein relativ geringes Einkommen verfügt, dann betrifft dies die Kinder genauso wie jede andere Person im Haushalt (Eltern und ggf. Geschwister). Kinder, deren Familie nur kurze Zeit ein relativ niedriges Einkommen zu verkraften hat, haben bessere Startchancen als Kinder, die lange oder sogar durchgehend in einer solchen Situation verbleiben (vgl. Familienreport 2012, S. 52). Allerdings dürfen die Auswirkungen von Armut nicht nur auf die finanziellen Möglichkeiten reduziert werden, es gibt noch eine Reihe andere Faktoren (situative, individuelle, familiäre und kontextuelle Rahmenbedingungen), die die Reaktion der Betroffenen mitbestimmt (vgl. Walper 1998, S.172).
Zum Beispiel kann bei dem Faktor Familie erkannt werden, dass seit vielen Jahren ein Wandel druchlaufen wird. Es gibt nicht mehr nur die Variante Kernfamilie Vater-Mutter-Kind sondern viele verschieden neue alternative Lebensformen z.B. Patchworkfamilien,

Alleinerziehende, Lebensgemeinschaften, gleichgeschlechtliche Lebensgemeinschaften etc. (vlg. Marx 2011, S. 7, S. 18). Die Schwierigkeit liegt darin, dass durch den Wandel die Versorgung der Familien leidet, die Strukturen der Generationenfamilie, die füreinander da ist bröckelt. Oft sind große Distanzen zur Familie vorhanden, weshalb die Familie, von Armut betroffene Familienmitglieder nicht unterstützen können.

Kinder und Jugendliche sind in folgenden spezifischen familialen und soziostrukturellen Konstellationen besonders von Armutsrisiken bedroht (vgl. für folgenden Abschnitt Laubstein 2010, S. 18-20):

- Kinder und Jugendliche, die in Mehrkindfamilien, d.h. mit 2 oder mehr Geschwister aufwachsen
- Kinder und Jugendliche, die mit einem getrennt lebenden Elternteil aufwachsen. Sie leiden meist doppelt, unter der Trennung der Eltern und der finanziellen Lage
- Alleinerziehende besitzen mit Abstand die höchste Armustrisikoquote
- Kinder und Jugendliche mit Migrationshintergrund besitzen ebenfalls eine erhöhte Armutsgefährdung
- Kinder und Jugendliche deren Eltern ein einfacheres Bildungsniveau besitzen
- Arbeitslosigkeit ist eine wesentliche Ursache für Einkommensarmut

4. Armutsfolgen

Kinderarmut wird in der deutschen Armutsforschung erst seit kurzer Zeit als eigenständiges soziales Problem wahrgenommen, d.h. Kinder wurden als Ursache von Familienarmut, als Angehörige von einkommensarmen und sozial benachteiligten Haushalten, aber nicht als eigenständig Betroffene begriffen. Mit Beginn der 90er Jahre erschienen eine Reihe von Publi- kationen, z.B. die Expertise von Walper für den 10. Kinder- und Jugendbericht oder die ISS-Studie, die sich aus der Sicht unterschiedlicher Disziplinen mit verschiedenen Aspekten von Kinder- und Jugendarmut auseinandersetzten und neue Erkenntnisse lieferten (vgl. Chassé/Zander/Rasch 2010, S.39).

Im Folgenden werden wir auf die verschiedenen psychosozialen und gesundheitlichen Folgen für Kinder in Armut eingehen.

4.1 Psychosoziale Folgen

4.1.1 Materielle Einschränkungen

Die Möglichkeit im Kindes- und Jugendalter über ausreichend materielle Ressourcen verfügen zu können, ist eine wichtige Voraussetzung für ein erfolgreiches Heranwachsen und Erwachsenwerden. Eine schwierige materielle Situation im Sinne einer mangelhaften Grundversorgung bezogen auf Wohnen, Kleidung und Ernährung belastet dagegen massiv die Entwicklung und erschwert eine fördernde Identitätsentwicklung (vgl. Laubstein 2010, S. 39). Zum anderen hat es Auswirkungen auf das übliche Konsumverhalten der Menschen. Kinder aus ökonomisch schwachen Verhältnissen können mit Kindern aus nicht schwachen Verhältnissen nicht mithalten. Es fehlt an Geld für Markenklamotten, Urlaub, aktuelles Spielzeug, Musikinstrumente etc. Die Kinder müssen auf vieles verzichten, was in der Konsumgesellschaft soviel bedeutet wie "Nicht-dazu-zugehören, ausgegrenzt zu sein" (Jost 2004, S. 37). Dies wiederum hemmt die soziale Integration in die Gesellschaft.

4.1.2 Soziale Integration/Beziehungen

Kinder aus schwachen Lebensverhältnissen weisen Isolationstendenzen auf (vgl. Jost 2004, S. 34). Diese kommen daher, dass arme Kinder durch andere Kinder, Nachbarn, Erwachsene stigmatisiert werden. Die Kinder erfahren schon früh, dass sie mit den anderen Kindern in vielen Bereichen (z.B. materiell) nicht mithalten können und erleben das Gefühl der Ausgrenzung, sie werden oft ausgeschlossen. Dadurch fehlen soziale Netzwerke außerhalb der Familie, die sie stärken und anerkennen. Arme Kinder haben ein sehr geringes Vertrauen in ihr eigenes Handeln und ihrer Selbstwirksamkeit (vgl. Al-Barghouthi 2008, S. 3).
Um sich vor Ausgrenzung und Stigmatisierung zu schützen, kommen Kinder dem Ausschluss zuvor, indem sie sich früh von sozialen Kontakten abwenden oder erst gar keine neuen Versuche zur Kontaktaufnahme starten (vgl. Jost 2004, S. 34).

4.1.3 Eltern-Kind Beziehung in belastenden Lebenslagen

Die soziale Lebenslage von Kindern und Jugendlichen wird im Wesentlichen von der Familiensituation bestimmt, in der sie aufwachsen. Sind die Familien von Armut betroffen, kann dies negative Auswirkungen auf das Familienklima haben und der sozialstrukturelle und ökonomische Nachteil bzw. Mangel die Häufigkeit von Konflikten, Stresssituationen und Auseinandersetzungen generell erhöhen, folglich fällt die Familie als "Anker" und Bezugspunkt aus oder verliert an Bedeutung und das Wohlbefinden des Kindes bzw. Jugendlichen wird erheblich belastet (vgl. Laubstein 2010, S. 54).

Die Armut der Eltern erzeugt psychische Belastungen und Spannungen, die sich auf die Eltern-Kind-Interaktionen übertragen, z.b. eine geringe Ansprechbereitschaft der Eltern, mangelnde Unterstützung und mangelnde Supervision durch die Eltern sowie eine Neigung zu harten Strafen und willkürlicher Disziplinierung. Emotionale Belastungen und das Problemverhalten der Kinder und Jugendlichen steigen und können Einfluss auf die Entwicklung der Kinder nehmen (vgl. Laubstein 2010, S. 54).

4.1.4 Zugang zu Kinderkultur, Freizeit und Erholung

In der Studie vom Bundesministerium für Arbeit und Soziales wird die Bedeutung der außerschulischen Bildung und der Teilnahme an organisierten Freizeitangeboten nachgewiesen. Neben kognitiven und sozialen Kompetenzen werden Lernmotivation, Ehrgeiz, Kreativität und Selbstständigkeit gestärkt (vgl. BMAS 2011, S.49).

"Ein eingeschränkter Zugang zu Kultur-, Freizeit- und Bildungsangeboten bedeutet somit, dass ein Möglichkeitsraum für Erfahrungen außerhalb des Elternhauses verschlossen bleibt." (BMAS 2011, S. 49)

Bei einkommensschwachen Familien sind die materiellen Ressourcen aber eindeutig begrenzt, d.h. die finanziellen Mittel fehlen, um Kindern entsprechende Freizeitaktivitäten im musischen oder sportlichen Bereich zu ermöglichen (vgl. Chassé/Zander/Rasch2010, S.154).

Von den Anstrengungen in der Schule brauchen Kinder Regeneration und Erholung, um sich von ihrer "Lernarbeit" und ihren vielfältigen Entwicklungsaufgaben zu entspannen. Diese Erholung und Muße bildet die Grundlage um ihre Persönlichkeiten und Fähigkeiten auszubilden, die im stark leistungsorientierten Schulsystem zu kurz kommen (vgl. Chassé/Zander/Rasch 2010, S.190). Der regenerative Spielraum für Kinder ist durch die nicht vorhandenen Möglichkeiten von einkommensschwachen Familien stark eingeschränkt (vgl. Chassé/Zander/Rasch 2010, S. 191).

4.1.5 Bildung und Schule (Entwicklungs- und Bildungschancen)

Durch den gesellschaftlichen Wandel zur Wissens- und Dienstleistungsgesellschaft und dem damit verbundenen Wegfall von einfachen Ausbildungsberufen ist Bildung die Grundvoraussetzung um am Erwerbsleben teilhaben zu können (vgl. Laubstein 2010, S. 43).

Ein entscheidender Faktor für den Bildungserfolg der Kinder ist die Bildung der Eltern. Je höher der Bildungsstand der Eltern, desto wahrscheinlicher ist ein höherer Bildungserwerb des Kindes (vgl. ebd, S. 44).

Es besteht ein Zusammenhang zwischen Armut und Bildung. Diese stehen in wechselseitiger Beziehung zueinander. Die Benachteilung der Kinder durch die fehlende Bildung der Eltern und der eingeschränkten Möglichkeiten sich zu bilden setzt sich meist über Generationen fort (vgl. Butterwegge 2008, S. 166).

Gründe für eingeschränkte Möglichketen liegen darin, dass Eltern ihre Kinder aufgrund ihrer Bildung nicht unterstützen können und sie sich gleichzeitig einen langen Schulbesuch ihres Kindes und die damit verbundenen Kosten nicht leisten können. Sie sind daran interessiert, dass ihre Kinder frühzeitig und schnell ihren Abschluss erreichen oder sogar die Schule abbrechen um somit Mitverdiener für den Haushalt zu werden. Es ist festzustellen, dass Kinder die aus einkommensschwachen Verhältnissen kommen, überwiegend Haupt- und Sonderschulen besuchen. Dies bedeutet für die Kinder, weniger Bildung und somit geringere Berufs- und Lebenschancen. Die Kinder werden oft von einer Perspektivlosigkeit bestimmt die sich aus der Resignation ihrer Eltern auf sie überträgt (vgl. Jost 2004, S. 36).

Sogar bei der Einschulung lässt sich eine herkunftsspezifische Benachteiligung feststellen. Das Risiko für Kinder aus Familien höherer beruflicher Schichten, zurückgestellt zu werden, ist etwa nur halb so groß wie bei Kindern aus der Arbeiterschicht. Somit wirkt schon eine soziale Selektion der Bildungschancen bevor die formelle Bildungslaufbahn der Kinder überhaupt begonnen hat (vgl. Klundt 2008, S. 109).

4.1.6 Wohnraum, Obdachlosigkeit

Beengte Wohnverhältnisse, bedingt durch zu viele Personen, Wohngegenden die einen schlechten Ruf haben und eine schlechte Anbindung an die Stadt schränken Kinder in ihrer Entwicklung ein. Sie haben keinen Rückzugsraum für sich, können nicht in Ruhe und ungestört spielen, Hausaufgaben erledigen und bekommen oft nicht genug Schlaf. Durch die engen Wohnverhältnisse kommt es zu vielen Konflikten der Erwachsenen, diese werden wiederum gefördert durch Aggressionen die sich durch die Enge anstauen und die hohe Arbeitslosenquote. Für Kinder sind dies schlechte Bedingungen um sich zu entwickeln.

Folgen, die sich aus diesen Bedingungen ergeben sind unter anderem Nervosität und Konzentrationsstörungen (vgl. Jost 2004, S. 34f.).

Einige der betroffenen Kinder flüchten auf die Straßen, wollen der Situation der Armut, die mit verschiedenen Belastungen und Problemlagen verbunden ist, entkommen (vgl. Jost 2004, S. 34f.).

Allein in Deutschland schätzt die Bundesarbeitsgemeinschaft, dass es 32.000 Kinder und Jugendliche gibt die Obdachlos sind (vgl. BAG W). Wohnungslosen Kindern fehlt es nicht nur an Hilfe und Unterstützung bei der Entwicklung, sondern auch bei der Befriedigung ihrer Grundbedürfnisse wie Sicherheit, Halt, Geborgenheit und Privatsphäre (vgl. Wiewiorka 1994, S. 53f.).

4.1.7 Delinquenz / Gewalt

Kinder und Jugendliche aus einkommensschwachen Familien besitzen weniger Möglichkeiten ihren Lebensraum zu gestalten. Wenn diese Möglichkeiten stark eingeschränkt sind und Missverhältnisse und Unterschiede zwischen subjektiven Ansprüchen und der tatsächlichen Lebenssituation bestehen, dann können dies gewichtige Hintergründe für abweichendes und gegebenenfalls gewalttätiges Verhalten im Jugendalter sein (vgl. Laubstein 2010, S. 57).

Armut ist ein Risikomerkmal für abweichendes Verhalten und kann dazu führen, dass versucht wird gesellschaftliche und kulturelle Ziele wie Wohlstand durch illegale oder illegitime Mittel zu erreichen (vgl. Laubstein 2010, S. 58).

Jugendliche, die in Armut aufwachsen und keinen Schulabschluss oder Berufsausbildungsplatz besitzen, erleben sich perspektiv- und chancenlos. Die Erfahrung für die Gesellschaft keinen Wert zu haben, erzeugt Wut und Frustration. Ein Zusammenhang zwischen Armut, fehlenden Lebenschancen, Delinquenz und Gewalt existiert. (vgl. Jost 2004, S. 37)

4.2 Gesundheitliche Folgen

"Gesundheit ist Ausdruck von Wohlbefinden und damit auch abhängig von den jeweiligen Lebensbedingungen." (Jost 2004, S. 31)

Schlechte Lebensverhältnisse wie gesellschaftliche Stigmatisierung, enge Wohnverhältnisse, materielle Armut etc. haben immer auch eine Auswirkung auf die Gesundheit der Menschen (vlg. Jost 2004, S. 31 und Butterwegge/Klundt 2002, S. 1)

Es ist zu beobachten, dass arme Kinder im Gegensatz zu nicht armen, gefährdeter sind und häufiger gesundheitliche Probleme haben. Eine höhere Anfälligkeit für chronische und akute Erkrankungen ist zu verzeichnen (vgl. Butterwegge/Klundt 2002, S. 1). Zudem gibt es Verzögerungen in den Bereichen der kognitiven, sprachlichen und motorischen Entwicklung der Kinder. Ein deutlich höherer Medienkonsum führt z.B. zu großem Bewegungsmangel, was die motorische Entwicklung beeinträchtigt (vgl. Al-Barghouthi 2008, S. 5). Kennzeichnend für Kinder die aus sozial schwächeren Verhältnissen kommen, sind häufige Beschwerden wie Kopf-/ Rücken-/ Bauchschmerzen, Einschlafproblem etc. (vgl. Jost 2004, S. 32). Zudem hat die soziale Lage Einfluss auf den frühen Kontakt mit Suchtmitteln wie Zigaretten und Alkohol, sowie auf das Ernährungsverhalten der Kinder (vgl. ebd., S. 31). Das Ernährungsverhalten ist oft von den finanziellen Möglichkeiten der Eltern abhängig (vgl. ebd., S. 31). Die Ernährung ist meist einseitig oder von Fastfood und Süßigkeiten geprägt, was zu ernährungsbedingten Krankheiten und Übergewicht führt (vgl. Al-Barghouthi 2008, S. 5).

Gesundheitliche Belastungen können durch das Verhalten während der Schwangerschaft schon einsetzen. Folgen davon können z.B. eine höhere Säuglingssterblichkeit und eine höhere Anzahl an Kindern die weniger als 2500 Gramm bei der Geburt wiegen sein (vgl. Fischer 2000, S. 16).

5. Zusammenfassung der Ergebnisse

Zusammenfassend lässt sich sagen, dass Kinderarmut einer der größten Risikofaktoren für die kindliche Entwicklung ist und das Risiko sozialer Ausgrenzung und mangelnder Versorgung birgt. Die Chance zur Herausbildung eines umfassenden emotionalen, kulturellen und sozialen Persönlichkeits- und Identitätsprofils sowie die Herausbildung eines breit angelegten Bewältigungshandelns sind durch Armutsbetroffenheit ebenfalls verringert (vgl. Laubstein 2010, S. 33). "Arme Kinder werden zu Verlierer/-innen der Individualisierung" (Laubstein 2010, S. 33).

Die psychosozialen Folgen sind enorm, so wirkt sich die materielle Verarmung nicht nur in wirtschaftlicher Hinsicht aus, sondern trägt auch zur Veränderung im familiären Rollengefüge und im sozialen Status bei, was zur Veränderung der elterlichen Beziehungen, der Eltern-Kind-Beziehungen sowie des elterlichen Erziehungsverhaltens führen kann (vgl. Chassé/Zander/Rasch 2010, S.40). Aber auch außerfamiliäre Einflussfaktoren, in erster Linie sind dies die Sozialbeziehungen der Kinder und Jugendlichen, insbesondere deren Gleichaltrigenkontakte, die sich auf das subjektive Erleben der materiellen Benachteiligung (z.B. in Form von Stigmatisierung oder Differenzerfahrung) auswirken und somit die Reaktionen der Kinder auf ökonomische Deprivation prägen können (vgl. ebd., S.40).

Je länger Kinder und Jugendliche unter der Armut leiden, je weniger können Eltern ihre Kinder vor ökonomischen, sozialen und psychosozialen Folgen bewahren (vgl. BMFSFJ 1998, S.88). Dies hat Auswirkungen auf das Wohlbefinden und die Gesundheit der Kinder, ihre Bildungsmöglichkeiten, ihre Sozialentwicklung sowie ihre kognitiven Fähigkeiten. Zudem fehlen unter Armut gesunde Entfaltungsmöglichkeiten und eine ausgewogene Ernährung, die Beziehungen zum sozialen Umfeld (Eltern, Freunde, etc.) werden belastet und wichtige Erfahrungen sind nicht zugänglich (vgl. BMFSFJ 1998, S.88).

Für eine gute Entwicklung benötigen Kinder eine vielfältige und anregende Umwelt, in der sie nicht nur soziale Kontakte knüpfen, sondern auch Chancen und Erfahrungen in der wirklichen Umwelt und Natur erleben können (vgl. Kürner 1994, S. 61).

11

6. Resümee

Lange Zeit wurde das Phänomen Armut in den reichen Industrieländern mit Bildern vom Elend der Dritten Welt verbunden. Dieses Bild hat sich verändert, da heute Armut mit Ungleichheit, Benachteiligung und Ausgrenzung verbunden wird. Armut ist in den reichen Industrieländern somit genauso existent wie in anderen Ländern. Es geht hier um eine relative Armut, darum im Leben Teilhabechancen zu haben.

In der Armutsfoschung wurde erkannt, dass Kinder besonders unter Armut und ihren psychosozialen und gesundheitlichen Folgen leiden. Diese haben Einfluss auf ihre Entwicklung und ihre psychische wie physische Gesundheit. Es sieht so aus, als würde es einen Kreislauf der Armut geben. Die Folgen bedingen die schlechten Möglichkeiten der Armut, während die schlechten Möglichkeiten wiederum die Folgen bedingen.

Für die Soziale Arbeit bedeutet dies, dass wir uns für dieses Thema sensibilisieren, nicht wegschauen und Anzeichen der Armut erkennen. Durch materielle Probleme, die meist im Vordergrund stehen, können die oben genannten Folgen meist nicht ausgeglichen werden, weshalb eine sozialpädagogische Unterstützung notwendig ist. Jedoch kann Armut nicht alleine durch die Soziale Arbeit bewältigt werden. Die Politik muss sich auch dafür sensibilisieren und als Kooperationspartner der Sozialen Arbeit auftreten. Langsam kommt das Thema auch dort an, es wird versucht, Eltern in ihrer finanziellen Lage zu unterstützen. Dies reicht allerdings bei weitem nicht aus, und die Umsetzung erwies sich teilweise als problematisch. Ein Beispiel dafür ist die Einführung des Bildungspaketes von 2011.

In der Zwischenzeit gibt es einige Projekte in denen ein Augenmerk auf die Kinder, die von Armut betroffen sind, gelegt wird. Dabei wird versucht, die Kinder zu stärken und Grundbedürfnisse wie z.B. regelmäßige Mahlzeiten zu gewährleisten. Ein bekanntes Beispiel dafür ist das Projekt "die Arche". Hier bekommen Kinder täglich eine kostenlose Mahlzeit, Hilfe bei Hausaufgaben, Angebote für eine sinnvolle Freizeitbeschäftigung und viel Aufmerksamkeit. Schade ist, dass solche Projekte nur wenig Unterstützung durch den Staat erhalten, sie finanzieren sich fast ausschließlich durch Spenden (vgl. die Arche).

Die Auseinandersetzung mit dem Thema Armuthat bei uns beiden zu einem anderen, erweiterten Bewusstsein geführt. Wir haben einen differenzierteren Blick- und Betrachtungswinkel erlangt. und sind uns der Tragweite dieses Themas für die Gesellschaft und die daraus resultierenden Aufgaben für die Soziale Arbeit bewusst geworden.

Kinderarmut ist ein gesellschaftliches, politisches, familiäres Problem, dem mehr Bedeutung und Beachtung zugemessen werden muss. Armut führt zu Ungleichheit und dies in mehrdimensionaler Hinsicht.

7. Literatur

Al-Barghouthi, Gabi 2008: Die Auswirkungen von Armut auf Kinder und Familien URL: http://www.mobile-familienbildung.de/hr/HrSpFb-1.13.Auswirkungen_von_Armut.pdf In: AWO Bundesverband e.V. (Hg.): Handreichung "Schauplatz Familienbildung", Berlin (Stand: 07.05.2014)

Bundesministerium für Arbeit und Soziales (BMAS) 2011: Lebenslagen in Deutschland: Armuts- und Reichtumsberichterstattug der Bundesregierung: Forschungsprojekt: Zusammenhang von sozialer Schicht und Teilnahme an Kultur-, Bildungs- und Freizeitangeboten für Kinder und Jugendliche, Köln http://www.bmas.de/SharedDocs/Downloads/DE/PDF-Publikationen/forschungsprojekt-a403-zusammenhang-soziale-schicht-kultur-kinder-und-jugendliche.pdf?__blob=publicationFile (Stand: 09.05.2014)

Bundesministerium für Familie, Senioren, Frauen und Jugend (BMFSFJ) 1998: 10. Kinder- und Jugendbericht, München http://www.bmfsfj.de/doku/Publikationen/kjb/data/download/10_Jugendbericht_gesamt.pdf (Stand: 12.05.2014)

Bundesarbeitsgemeinschaft Wohnungslosenhilfe e.V. (BAG W) (Hg.): Umfang der Wohnungsnotfälle 2008-2012, Berlin URL: http://www.bagw.de/de/themen/zahl_der_wohnungslosen/ (Stand: 10.05.2014)

Butterwegge, Christoph 2000: Armutsforschung, Kinderarmut und Familienfundamentalismus, In: Butterwegge, Christoph (Hg.): Kinderarmut in Deutschland, Frankfurt/Main, S. 21-58

Butterwegge, Christoph/Klundt, Michael 2002: Kinderarmut und Generationengerichtigkeit URL: http://aba-fachverband.org/fileadmin/user_upload/user_upload_2009/kindheit/Butterwegge_Kindheitsforschung-Kinderarmut.pdf (Stand: 07.05.2014)

Butterwegge, Christoph/Klundt, Michael/Belke-Zeng Matthias 2008: Kinderarmut in Ost- und Westdeutschland, 2. erweiterte und aktualisierte Auflage, Wiesbaden

Chassé, Karl August 2010: Kinderarmut in Deutschland. In: Bundeszentrale für politische Bildung (Hg.): Aus Politik und Zeitgeschichte, Bonn, Heft 51-52/ 2010

Chassé, Karl August/Zander, Margherita/Rasch, Konstanze 2010: Meine Familie ist arm: Wie Kinder im Grundschulalter Armut erleben und bewältigen, 4. Auflage, Wiesbaden

Die Arche: http://kinderprojekt-arche.eu/ueber-uns (Stand: 10.05.2014)

Fischer, Birgit 2000: Statt eines Vorwortes: Mit einer sozial tief gespaltenen Gesellschaft ins 3. Jahrtausend?! In: Butterwegge, Christoph (Hg.): Kinderarmut in Deutschland, Frankfurt/Main, S.11 - 20

Hanesch, Walter 2000: Armut als Herausforderung für den Sozialstaat, In: Butterwegge, Christoph (Hg.): Kinderarmut in Deutschland, Frankfurt/Main, S. 220 - 243

Holz, Gerda 2008: Armut verhindert Bildung: Lebenslagen und Zukunftschancen von Kindern. In: Sanders, Karin/Weth, Hans-Uwe (Hg.): Armut und Teilhabe: Analysen und Impulse zum Diskurs um Armut und Gerechtigkeit, Wiesbaden, S. 70-95

Jost, Klaus 2004: Auswirkungen der Armut bei Kindern und Jugendlichen In: Bundeskonferenz für Erziehungsberatung e.V. (Hg.) 2004: Arme Familien gut beraten. Hilfe und Unterstützung für Kinder und Eltern, Fürth, URL: http://www.bke.de/content/application/shop.download/1257417004_Arme%20familien%20P M%2072.pdf#page=16, (Stand: 04.05.2014)

Klundt, Michael 2008: Von der sozialen zur Generationengerechtigkeit?: Polarisierte Lebenslagen und ihre Bedeutung für Wissenshaft, Politik und Medien, Wiesbaden

Kürner, Peter 1994: Kinder-Wohnen-Umfeld In: Burghardt, Christa/Kürner Peter im Auftrag vom Deutschen Kinderschutzbund (Hg.): Kind und Wohnen. Vom Wohnungsgrundriß bis zur Hausordnung: Erfahrungen aus der Praxis, Opladen, S. 57-69

Laubstein, Claudia/Dittmann, Jörg/Holz, Gerda 2010: Jugend und Armut. Forschungsstand und Untersuchungsdesign der AWO-ISS-Langzeitsudie "Kinder- und Jugendarmut IV", Frankfurt/Main

15

Malik, Maja 2010: Armut in Medien. In: Bundeszentrale für politische Bildung (Hg.): Aus Politik und Zeitgeschichte, Bonn, Heft 51-52/ 2010, S. 40-45

Walper, Sabine 1998: Familiäre Konsequenzen ökonomischer Deprivation, München u.a.

Wiewiorka, Peter 1994: Wohnen mit Kindern in Notunterkünften In: Burghardt, Christa/Kürner Peter im Auftrag vom Deutschen Kinderschutzbund (Hg.): Kind und Wohnen. Vom Wohnungsgrundriß bis zur Hausordnung: Erfahrungen aus der Praxis, Opladen, S. 53-54

World Vision Instituts für Forschung und Innovation (WVI) (Hg.) 2008: Definition Armut, URL: http://www.armut.de/definition-von-armut.php (Stand: 07.05.2014), Friedrichsdorf